Ich sage ja nicht, daß ihr leben sollt wie ich

Gina Ruck-Pauquèt

Ich sage ja nicht, daß ihr leben sollt wie ich

Fotos von Eckhard Hoffmann

rororo

Rowohlt

rororo rotfuchs – Herausgegeben von Uwe Wandrey
Originalausgabe

Gina Ruck-Pauquèt war nach der Schulzeit in verschiedenen Berufen tätig; lebt jetzt als freie Schriftstellerin in Bad Tölz. Neben Drehbüchern, Funk- und Fernsehspielen, Lyrik, Erzählungen schrieb sie zahlreiche Kinder- und Jugendbücher («Die Sonne gehört uns allen», 1974; «Die Ringerkönigin», 1975; «So ein Hündchen», rotfuchs 88, 1975; «Ginas Zoo», rotfuchs 125, 1976, u. a.), die zum Teil mit Preisen ausgezeichnet wurden und in Auslandsausgaben erschienen.

Veröffentlicht im Rowohlt Taschenbuch Verlag GmbH, Reinbek bei Hamburg, Mai 1978 / Umschlagfoto Eckhard Hoffmann / rotfuchs-comic (Umschlagrückseite) Jan P. Schniebel, Copyright ©1978 by Rowohlt Taschenbuch Verlag GmbH, Reinbek bei Hamburg / Umschlagtypographie Jan Enns / Alle Rechte vorbehalten / Gesetzt aus der Garamond (Linotron 505 C) / Gesamtherstellung Clausen & Bosse, Leck/Schleswig / Printed in Germany / 380-ISBN 3 499 20182 8

Konrad gibt es wirklich.
Ich kenne ihn.
Er ist mein Freund.
Die Geschichten, die ich hier
aufgeschrieben habe, sind wahr.
Konrad hat sie mir erzählt.

Wie Konrad einen Fuchs trifft

Konrad ist einer, der nirgends bleibt. Konrad wandert. Sie nennen ihn einen Nichtseßhaften, einen Obdachlosen, einen Landstreicher. Einen Penner nennen sie ihn.

Konrad schert das einen Dreck. Er ist seit dreißig Jahren unterwegs. Dreißig Sommer hat er im Freien verbracht und dreißig Winter.

Was vorher war, darüber spricht er nicht. Vielleicht denkt er auch selber nicht mehr daran. Konrad lebt, was jetzt ist.

Es ist später Nachmittag. Das Sonnenlicht fällt schräg zwischen den Stämmen der Laubbäume ein. Da flammt das rote Fell des Fuchses auf wie Feuer.

Der Fuchs sieht Konrad nicht. Aber Konrad sieht den Fuchs. Der schüttelt den Hasen noch einmal. Dann legt er ihn vor sich hin.

Konrad grinst. Er sitzt an den Stamm einer Buche gelehnt. Bewegt sich nicht. Macht kein Geräusch. Nur sein Magen knurrt. Er hat heute nichts zu essen gehabt.

Der Fuchs reißt den Hasen auf. Schlingt das Eingeweide runter. Dann ist er satt. Er schleppt die Beute fort. Ein Stück weiter sind weniger Wurzeln in der Erde. Da gräbt er sie ein. Stupst mit der Nase noch Laub und Holzstückchen darüber. Nun scheint das Versteck ihm sicher. Er wird wiederkommen.

Konrad grinst. Er wartet, bis der Fuchs weg ist. Dann steht er auf und reckt sich. Mit seinen Händen gräbt er den Hasen wieder aus. Er wäscht ihn im Bach. Klappt sein Messer auf und zieht ihm das Fell ab.

Konrad macht Feuer. Schaut zu, wie es niederbrennt. Dann steckt er zwei Astgabeln in die Erde. Darüber legt er den Stock, auf den er den Braten gespießt hat. Er dreht ihn über

der Glut. Grinst. Das wird ein Festessen werden. Das hat er nicht alle Tage.
Der Braten braucht Zeit. Konrad hat Zeit.
«Warum arbeitest du nicht?» fragen die Leute oft.
Manchmal arbeitet er. Ein, zwei Tage. Dann zieht er weiter. Einem wie ihm zahlen sie schlecht. Seine Hände sind so gut wie die Hände anderer Leute. Und sein Kopf auch. Aber sie zahlen ihm schlecht.
Da klopft er lieber. Bettelt. Klopft, zieht den Hut.
«Eine kleine Unterstützung.»
Dem Konrad geben sie was. Fast immer. Er ist ein alter Mann. Manchmal findet er eine Wurzel. Seltsam, bizarr. Die kaufen sie ihm ab. Oder Kräuter. Konrad kennt sich aus. Er weiß, was man auf Wunden auflegt. Womit man Grippe heilt. Wie man Galle kuriert. Er kann einen Fliegenpilz zubereiten, daß er nicht giftig ist. Und die Stimmen der Tiere versteht er.
Konrad blickt auf. Die Sonne ist untergegangen. Die Vögel rascheln in ihren Schlafnestern in den Bäumen. Jetzt duftet das Fleisch. Bald ist es gar.
Da reißt Konrad es mit den Fingern von den Knochen. Pustet. Stopft es sich in den Mund. Es schmeckt gut. Sein Magen wird ruhig.
Konrad sitzt still. Lächelt. Er wiegt die Knochen in seiner Hand. Dann steht er auf. Geht rüber zum Versteck des Fuchses. Der Fuchs wird wiederkommen. Der wird schauen!
Er legt die Knochen nebeneinander in das Loch und scharrt es zu.

Eine Begegnung im Frühling

Die Kälte des Winters geht nicht auf einmal aus Konrad raus. Das dauert lange. Und je älter Konrad wird, um so länger dauert es. Vielleicht ist es auch mehr die Erinnerung an die Kälte, die er nicht los wird.
Das ganze Frühjahr hindurch legt sich der Konrad mittags ins Gras, wenn die Sonne scheint. Dehnt sich aus, streckt Arme und Beine weg, daß er möglichst viel Wärme kriegt. Hustet mal, spuckt und fühlt sich wohl
Deswegen schläft er noch lange nicht immer. Will er auch gar nicht. Er döst so vor sich hin. Döst sich in das Sirren der Wespen rein, bis er meint, er wäre selber eine.

Riecht das Gras, noch kühl und frisch, und darunter die Erde. Blinzelt hoch zu den Wolken, die Formen haben wie allerhand Getier. Oder zum blauen Himmel rauf. Aber da kommt man ins Rutschen, stürzt nach oben ab. Weil da kein Punkt ist, an den man sich halten kann.
Konrad stülpt sich den Hut aufs Gesicht. Ist er das, der da schnarcht? Aber er ist doch wach. In der Früh hat er zwei vierblättrige Kleeblätter gefunden. Die schenkt er her. Die wollen sie alle haben.
Wenn sie ihm nicht vorher wegfliegen. Wie können sie denn wegfliegen? Jetzt fängt er doch schon an zu träumen. Träumt, daß der Hut ihm ins Gesicht rutscht. Kann doch nicht sein!
Konrad hebt die Hand. Die Hand wiegt viele Zentner. Er schiebt den Hut wieder richtig hin, gerade. Der Hut ist der Himmel. Wölbt sich blau über Konrads Gesicht.
He! Jetzt will er wieder weg. Das ist kein Traum. Der wackelt wirklich, der Hut! Konrad greift hin. Jetzt aber!
Schwupp – ist er fort! Einfach weggesaust. Das hat Konrad mit seinem Hut noch nie erlebt.
Da sieht er zwischen den Gräsern und gegen den Himmel den Kopf von einem Hund. Es ist so ein schwarzer, zottiger. Und der hat seinen Hut weggestupst.
Er guckt ihn an, die Schnauze ein bißchen offen. Hechelt, als ob er lacht.
«Du», sagt Konrad.
Da tanzt der um ihn rum wie verrückt, freut sich, weil er Konrad gefunden hat unter dem Hut. Und Konrad freut sich natürlich auch.

Einen Lastwagen anhalten

Konrad geht auf der Landstraße. Es nieselt. Um vier in der Früh ist er los. Mit dem ersten Licht, wie immer. Der nächste Ort ist weit.

Konrad schiebt seinen Rucksack zurecht. Der linke Riemen ist mehrmals geflickt. Das gibt eine Druckstelle an der Schulter. Konrad hält an. Nimmt den Rucksack ab. Kramt einen seiner Reservesocken hervor. Den schiebt er unter den Riemen.

Das kann er sich nicht leisten, eine Verletzung, eine Krankheit, ein Gebrechen. Einer, der allein ist, einer, der wandert, kann sich das nicht leisten.

Ein Wiesel huscht vorbei. Konrad bleibt stehen. Pfeift ihm zu und schaut ihm nach, bis es im Gras verschwunden ist. So leicht ist es, so flink!

Konrad geht weiter und pfeift die Töne von vorhin, bis ein Lied draus wird. Autos fahren vorbei, Personenwagen. Niemals versucht Konrad, einen Personenwagen anzuhalten. Die nehmen ihn sowieso nicht mit. Denken, daß er stinkt.

Und hält doch mal ein Autofahrer an, dann geht es los mit den Fragen. Dann sitzt Konrad in dem warmen, engen Raum wie gefangen. Ist dem ausgeliefert, der sich erbarmt hat, ihn mitzunehmen. Das ist schlimm.

«Wohin? Woher? Wie lange schon?» Und: «Warum?»

Als ob Konrad ihm gehörte. Bloß, weil der da das Ding lenkt, das ihn ein bißchen schneller vorwärts bringt.

Einen Lastwagen kann man anhalten, ja. Vielleicht läßt der Fahrer einen hinten aufsteigen, unter die Plane kriechen. Das wäre gut bei dem Wetter.

Konrad fühlt, wie ihm die Feuchtigkeit durch den Mantel dringt. Die Schuhe sind auch nicht mehr die besten. Möglich,

daß jemand ein Paar für ihn hat. Aber fest müßten sie sein. Derb, damit sie endlich lange halten. Sonst hat das gar keinen Sinn.
Konrad hört was. Dreht sich um. Bleibt stehen. Ein Lastwagen kommt. Konrad hebt den Daumen und winkt. Der Laster fährt ein Stück weiter und hält. Konrad rennt. Läuft auf die roten Bremslichter zu. Da gibt der Fahrer Gas. Als Konrad den Wagen fast erreicht hat, schaut er zum Fenster raus, lacht und fährt ab.
«Schwein!» sagt Konrad. «Arschloch!»
Er fängt an zu husten. Es ist nichts Schlimmes mit dem Husten. Eine Art Asthma vielleicht. Chronisch, aber nicht schlimm.

Konrad schiebt den Riemen über dem Socken wieder zurecht. Geht weiter. Es regnet jetzt stärker. Für die Blüten an den Obstbäumen kann es leicht zuviel werden.
In einem vorbeifahrenden Auto drückt ein Kind am Rückfenster die Nase platt. Konrad lacht.
Ein Stück weiter macht die Straße eine Kurve. Hinter der Kurve steht der Lastwagen. Es ist tatsächlich der von vorhin. Reifenpanne.
Konrad sieht schon von weitem, wie sich der Fahrer mit dem Rad abmüht. Ein Mann allein schafft das nur schwer. Vielleicht schafft er es überhaupt nicht.
Konrad hat sowieso Rast machen wollen. Er setzt sich auf einen Holzstapel. Schaut hin. Jetzt entdeckt ihn der andere. Wischt sich mit dem Handrücken über die Stirn. Ruft:
«He, Alter! Ich nehm dich nachher mit. Hilf mal 'n bißchen!»
«Nein», sagt Konrad.
Er zieht die Schnur von seinem Rucksack auf, holt Wurst und Brot raus und fängt an zu essen.

Eine Nacht ohne Mond

Es ist nicht gut, jemand mitzunehmen. Was weiß man von dem anderen? Vielleicht hat er geklaut, randaliert, die Zeche geprellt. Dann hat man die Polizei auf dem Hals. Konrad nimmt keinen mit.
Und dann tut er es doch. Vielleicht, weil der so jung ist? Ein halbes Kind noch.
«Nimm mich mit. Nur 'n Stück.»
Er ist blond, dünn, dreckig.
«Mußt dich waschen», sagt Konrad. «So schaffst du's nicht.

Sagt er nur so hin. Und schon latscht der andere mit. Konrad spricht nichts. Kein Wort. Geht einfach. Der Asphalt pappt noch von der Mittagssonne.
Mittags hat Konrad unter einem Apfelbaum gelegen. Die Früchte waren ganz klein und grün.
«Heiß!» sagt der Junge.

Mittags war es heißer. Da haben sogar die Grillen mit der Musik aufgehört. Nur ein blauer Käfer hat auf der Spitze von einem Grashalm balanciert. Gleich darauf war Konrad eingeschlafen.
Der Junge bleibt stehen. Schon zum zweitenmal. Jetzt zieht er den Schuh aus. Konrad will nicht hinsehen. Guckt

aber doch. Und da hat der natürlich 'ne Blase am Fuß. An den Füßen ist er noch dreckiger als sonst.
«Mensch!» sagt Konrad.
Er nimmt den Rucksack ab. Manchmal schwankt er ein bißchen, wenn er den Rucksack abnimmt. Nicht immer. Er holt Heftpflaster raus. Sticht die Blase auf. Pappt das Pflaster drauf. Dann gibt er dem Jungen Socken.
«Da.»
«Bist du verrückt», sagt der Junge. «Wollsocken bei der Hitze!»
«Nimm schon!» Konrad weiß das besser.
Aber der nimmt sie nicht. Läuft barfuß. Schuhe in der Hand.
«Mach das nicht», sagt Konrad.
Er hätte ihn nicht mitnehmen sollen. Mit dem kriegt er nur Scherereien. Da läuft der neben ihm her, barfuß, und redet.
«Ich hätt das ja gar nicht gemacht, wenn nicht zu Haus immer der Teufel losgewesen wär. Da sind wir zusammengezogen. Ich hab sie gern gehabt. Verstehst du?» Er schaut Konrad an. «Hast du mal eine gern gehabt? Früher?»
Konrad schweigt.
«Ich hätt sie ja auch nicht verprügelt, wenn sie nicht mit dem Geld auf und davon gewesen wäre. Mit meinem Geld. Ich hab gearbeitet. Verstehst du? Wenn's alle war, kam sie immer wieder.»
«Paß auf», sagt Konrad.
Es liegen Glasscherben auf der Straße. Aber der Junge ist schon reingetreten. Voll rein.
«Und dann bin ich gekommen, und die Wohnung war leer.»
Konrad hockt da und wischt ihm das Blut vom Fuß. Macht einen Verband.
«Sie war fort. Verstehst du? Endgültig. Da hab ich das gemacht. Bin durchgedreht. Hab die Scheiben kaputtgeschla-

gen. Nicht nur bei uns. Überall, wo ich konnte. In der Nachbarschaft. Und dann bin ich weg. Verstehst du?»

«Halt still», sagt Konrad.

Was war da zu verstehen?

Als sie den Ort erreichen, zeigt er ihm, wie man klopft.

«Und nie frech, und nichts mitnehmen.»

Der Junge nickt. Versucht es allein. Am Abend bringt er Rotwein. Zwei von den großen Flaschen. Kein Geld.

«Iß was», sagt Konrad.

Sie sitzen auf einer Bank. Es ist so ein kleiner Park. Die Leute gaffen. Konrad schneidet Scheiben vom Brot, Stücke vom gelben, fettigen Käse. Ein Hund läuft vorbei. Schnuppert. Hebt ein Bein am Papierkorb.

«Wir haben 'ne Katze gehabt», sagt der Junge.

Er raucht eine Zigarette nach der anderen. Trinkt. Jetzt trinkt Konrad auch.

«Daheim. Der Alte hat sie erschossen. Im Suff. Schießübungen hat er gemacht. Zuerst die Puppe von meiner Schwester. Peng – Kopf ab! Die Schnapsflasche – psch. Ja, und dann ... tags drauf hat er geheult.»

«Kannst du nicht mal dein Maul halten?» sagt Konrad.

Ist die eine Flasche wirklich schon leer?

«Was soll ich denn machen?» Es klingt weinerlich.

«Wie soll ich das wissen», sagt Konrad.

Es dämmert. Drüben schreien Kinder. Aus einem der Häuser dröhnt ein Fernseher mit der Tagesschau. Konrad schnürt seine Stiefel auf. Bewegt die Zehen. Immer wieder reicht ihm der Junge die Flasche rüber. Konrad trinkt. Das macht er sonst nicht. Nicht so. Der bringt ihm nur Scherereien. Jetzt lallt er schon.

«Leg dich hin», Konrad rückt zur Seite.

«Wo ist 'n der Mond?» sagt der Junge.

Er liegt ausgestreckt auf der Bank. Starrt in den Himmel. Im Dunkeln ist die Glut seiner Zigarette ein Punkt.
«Woanders», sagt Konrad.
«Woanders», äfft ihn der Junge nach. «Das ist doch alles Beschiß», sagt er. «Das gibt's ja alles gar nicht.»
Konrad trinkt.
«Auch, was die Gott nennen. Siehste den? Wo ist er?»
Jetzt hat Konrad auch Schwierigkeiten mit der Zunge.
«Da», sagt er.
«Der Baum?» Der Junge lacht auf.
«Ja», sagt Konrad. «Der Baum. Und du. Und der Hund von vorhin. Und deine Zigarette.»
Der Junge wird still. Wahrscheinlich ist er eingeschlafen. Konrad nimmt ihm den Stummel aus der Hand. Tritt ihn aus. Dann weiß er auch nichts mehr.
Morgens liegt er selber auf der Bank, der Junge darunter. Atmet mit offenem Mund. Sein Gesicht ist verschmiert. Vielleicht hat er in der Nacht geweint.
Konrad schnürt seine Stiefel. Steckt die Flaschen in den Papierkorb. Er nimmt den Rucksack und geht.

Wie Konrad ins Schloß geht

Die traun sich ja nicht, die anderen. Konrad schon. Er geht auf die Schlösser, zu den Baronen und Grafen.
«Meine Reverenz», sagt Konrad.
Verneigt sich. Die geben ihm immer was. Und wiederkommen darf er auch.
Da klingelt er vorn am großen Tor. Schaut in den Park. Dahinter liegt das Schloß. Schön, gepflegt. Das ist eine Grä-

fin, die hier lebt. Konrad hat sich erkundigt.
«Ja?» hört er. Die haben eine Sprechanlage. «Wer ist da?»
«Ein Wandergeselle auf der Durchreise», sagt Konrad. «Erbitte eine kleine Unterstützung.»
Warten soll er, sagt der Mann. Es dauert lange. Konrad hört die Vögel zwitschern in dem Park. Sieht die Beete mit den hohen, steifen Zinnien.
Und dann kommt er: ein richtiger Diener in Livree. An einer Leine hat er fünf Dackel. Gleich fünf Stück. Kläffen wie toll. Der Diener öffnet Konrad das Tor aus Schmiedeeisen.
«Die Frau Gräfin läßt bitten.»
Der Kies auf dem langen, geraden Weg ist ganz fein. Konrad geht hinter dem Diener her. Am Hauseingang will er die Schuhe ausziehen. Das braucht er aber nicht.
Da tritt er vorsichtig auf, weil das Parkett so zart aussieht. Es ist ein großer Raum mit dunklen Bildern an den Wänden. Manche kriegen ein bißchen Sonne von draußen, durch eines der Fenster. So kommt es, daß einer der Herren zu lächeln scheint.
Der Diener mit den Dackeln ist weggegangen. Konrad wartet. In einer Bodenvase sind Chrysanthemen. Die blühen jetzt noch gar nicht. Die müssen aus dem Treibhaus sein.
Ein weicher Sessel steht da, mit einer hohen Lehne. Dünne Stühlchen. Und ein Tisch, so zerbrechlich, daß man höchstens einen Gedanken darauf ablegen kann.
Im hinteren Teil des Raumes öffnet sich eine Tür. Daß die Gräfin so eine winzige alte Dame ist!
«Frau Gräfin», sagt Konrad, «meine Reverenz!»
Und dann macht er die Verbeugung. So, wie er's mal im Film gesehen hat. Die Arme seitlich nach hinten weg. Es ist überhaupt alles wie im Kino.
«Sie sind der Wandergesell», sagt sie.

Sie nimmt im weichen Sessel Platz. Konrad muß sich auf so ein dünnes Stühlchen setzen. Die Gräfin ist freundlich. Fragt ihn ein bißchen. Nicht zuviel.
Und als Konrad wieder geht, hat sie ihm einen Schein zugesteckt. Einen ziemlich großen. Der Diener schließt das Tor hinter Konrad zu, und der steht noch einen Moment. Schaut zurück. Pfeift leise vor sich hin.
Wie im Kino. Das hat ihm gefallen. Und fünfzig Mark hat er. Und das Stühlchen ist nicht unter ihm zusammengebrochen!

Sommer am Fluß

Im Sommer ist es gut am Fluß. Am Morgen muß Konrad ja in den Ort. Zum Klopfen. Aber wenn er genug zusammen hat für den Tag, geht er wieder ans Wasser runter.
Er setzt sich auf eine der Bänke. Schaut rüber zur Brücke mit den Autos und den Leuten, die es alle eilig haben. Schaut rüber zu den alten Häusern. Es ist eine schöne kleine Stadt. Mit blauem Himmel und der Sonne dazu.
Am liebsten schaut Konrad in den Fluß. Wie das Wasser vorbeizieht, niemals anhält. Das mag Konrad. Dann ist es immer, als ob der Fluß einen Teil von ihm mitnimmt. Und das, was von Konrad zurückbleibt, wiegt ganz leicht.
Manchmal schaut er sich auch die Leute an. Manche machen Urlaub hier. Fotografieren die Schwäne.
«Wenn Sie mal Platz machen würden.» Das ist ein Ehepaar.
Konrad rückt zur Seite.
«Vielleicht nehmen Sie den Rucksack runter», sagt der Mann. «Wir möchten auch da sitzen.»
Er sagt es unfreundlich. Und eigentlich ist Platz genug. Kon-

rad nimmt den Rucksack trotzdem runter. Trinkt einen Schluck aus der Bierflasche. Spürt, wie sie ihn ansehen.
«Solche Typen», sagt der Mann. «Hocken rum.»
Die Frau nickt.
«Unsereiner hat gearbeitet», sagt der Mann. «Und arbeitet noch. Ein Leben lang. Und die saufen auf unsere Kosten.»
«Er tut doch nichts», sagt die Frau leise.
Sie sitzen eng beieinander. Der Platz, auf dem der Rucksack gelegen hat, ist leer.
«Er tut nichts? Natürlich tut er nichts. Das ist es ja eben.»
«Der ist alt», sagt die Frau.
«Sieht aber gesund aus.» Der Mann spricht jetzt lauter. «Und wenn er krank wird, fällt er dem Staat zur Last. Der Staat, das sind wir, verstehst du – du und ich. Da wird er dann gepflegt. Von unseren Steuergeldern.»

Die Frau nickt.
«Du mußt dir nur vorstellen, was wäre, wenn alle so leben wollten», fängt der Mann wieder an. «So als Faulenzer», sagt er, «Rumtreiber. Ich könnt das gar nicht aushalten!»
Ich sage ja nicht, daß ihr leben sollt wie ich, denkt Konrad. Und: daß es doch nur wenige sind, solche wie er.
Aber sagen mag er nichts. Bleibt ruhig sitzen. Wartet, bis sie gehen. Aufrecht, weil sie die Besseren sind. Dann schaut Konrad wieder in den Fluß. Bis er leicht wird. Ganz leicht.
Am Abend kommen die Jungen. Zottelhaarig, barfuß, in ausgewaschenen Jeans. Sie winken ihm zu, setzen sich auf die Wiese. Einer spielt Gitarre. Die anderen summen mit. Lachen. Sie sind leise. Nie hat Konrad sie laut gehört.
Sie sind nicht so zornig wie ihre Eltern, denkt er. Vielleicht haben sie weniger Angst.
Der Himmel wird langsam dunkel. Jetzt ist die Brücke manchmal minutenlang leer. Der Wind bringt Heuduft mit. Eins der Mädchen reicht Konrad die Flasche. Konrad trinkt. Jeden Abend ist das so. Später gehen sie wieder heim.
Bis auf den einen. Der hat mal mit Konrad unter der Brücke geschlafen. Der hatte Krach zu Haus.
«Ich mach's wie du», hat er gesagt. «Ich geh nicht mehr heim. Ich brauch das alles nicht. Den ganzen Kram, mit dem sie mich einkaufen wollen.»
Konrad hat nichts gesagt. Hat ihn geweckt in der Nacht, weil die Polente kam. Hat ihn weggescheucht. Konrad macht schon der Schein der Taschenlampe wach. Hier kommen sie jede Nacht zweimal. Der vom Nachtdienst und der Ablöser in der Früh. Die müssen seine Papiere schon auswendig kennen.
Der Junge ist nicht mehr gekommen. Ist wohl heimgegangen. Abends ist er wieder bei den anderen dabei. Konrad fragt ihn

nicht. Und der Junge sagt nichts.
Am Freitag ist plötzlich der Zirkus da. Es ist ein kleiner Zirkus. Er hat Platz hier am Fluß.
«Kannst helfen», sagt der Chef zu Konrad. «Wir haben zu wenig Leute.»
Da hat Konrad einen Job. Hilft, das Zelt aufzubauen. Packt hier und dort an. Das Essen ist gut. Ein paar Mark kriegt er auch. Und in jede Vorstellung darf er rein. Solange sie hier spielen.
Konrad freut sich auf die bunten Lichter. Auf den Clown freut er sich, auf den Glanz und Glimmer und reinweg auf alles. Ist 'ne Weile her, daß Konrad in einem Zirkus war.
Nach Feierabend schaut er sich noch um. Die Ponys haben am Wiesenrand gegrast. Jetzt schnauben sie im Wagen, der ihr Stall ist. Einer der Männer ruft die Hunde rein.
Es ist schwül. Die Fenster der Wohnwagen sind hochgekippt. Jetzt verlöschen die Lichter. Eins nach dem anderen. Die Pferde soll Konrad morgen striegeln. Das kann er. Das macht er gern.
Als er zu seiner Schlafstelle unter der Brücke geht, sieht er einen Wagen, den er vorher nicht bemerkt hat. In dem Wagen ist ein Tier. Ein großes Tier. Konrad kneift die Augen zusammen. So kann er besser sehen.
«Mein Gott», sagt Konrad. «Ein Elefant! Paßt ja kaum rein.»
Er geht zum Fluß und reißt Zweige von den Weiden. Dann geht er zu dem Wagen zurück. Die obere Hälfte der Tür steht offen.
«Da», sagt Konrad.
Der Rüssel streckt sich ihm entgegen. Nimmt an. Im Nu ist alles weg. Konrad linst zu den Wohnwagen rüber. Dunkel. Die pennen schon alle. Überhaupt ist kein Mensch zu sehen.

Nur die Jungen mit der Gitarre sind noch da. Ein Stück weiter drüben.

Konrad lauscht noch einen Moment. Grinst. Dann macht er sich am unteren Teil der Tür zu schaffen.

«Warte», sagt er. «Und sei still.»

Das Elefantenauge guckt ihn an. Wie ein kleines Licht in einem grauen Berg.

«Gleich», sagt Konrad.

Zuerst kriegt er sie nicht auf, die verdammte Tür. Aber dann klappt es doch.

«Langsam», sagt Konrad. «Langsam.»

Er schiebt das Brett ran, die Rampe. Da drückt sich der Elefant auch schon raus.

«Zum Fluß!» sagt Konrad. «Komm.»

Er weiß nicht, wo er den Elefanten anfassen soll. Das Elefantenmädchen. Er schlingt den Arm um den Rüssel. Und dann geht es wie von selber.

Die kommt mit. Pflückt sich Weidensträucher. Kaut. Ein Gefühl ist das! Das Riesenvieh, so leise mampfend, der Fluß, der Mond und Konrad.

Die Gitarre ist verstummt. Man hört überhaupt nichts. Außer dem Plätschern, weil sie jetzt ins Wasser geht, die Elefantin. Und Konrad hinterher. In voller Montur.

«Das tut gut», sagt er. «Das tut gut, was?»

Da fängt sie an zu prusten. Gießt sich mit dem Rüssel Wasser über den Rücken. Steht wie unter der Brause. Konrad ist auch naß. Grinst, fühlt sich prima.

Er legt seine Hand auf die rauhe, nasse Haut. Riecht den Geruch des Elefanten.

Konrad denkt, daß sie es gut haben miteinander, sie beide.

Das Tier ist jetzt auch still geworden. Gurgelt nur so ein bißchen mit dem Rüssel im Wasser.

«Ja», sagt Konrad. «Ja.»
Klatscht ihm mit der Hand die Schulter.
So ein Tier, denkt er. In dem engen Wagen.
Dann muß doch einer was gehört haben. Vielleicht hat der aufs Klo gemußt. Jedenfalls kommen gleich ein paar angerannt. Machen einen Riesenaufstand, weil Konrad den Elefanten rausgelassen hat. Weil man den nie wieder reinkriegt.
Sie schreien und toben. Die Hunde bellen auch wie verrückt.
Überall ist Licht.
Konrad kriegt den Elefanten wieder rein. Das Elefantenmädchen. Lockt sie mit Grünzeug. Es ist nicht ganz einfach. Vor allem, weil die anderen stören. Das kann Konrad aber nicht sagen.
Schließlich kommt sie. Nach 'ner Stunde haben sie sie wieder drin.
«Sie mußte doch mal raus», sagt Konrad.
Er guckt noch mal hin. Findet sie nicht in der Dunkelheit des Wagens. Dann geht er. Die Männer fluchen ihm nach. Beim Zirkus hat er verspielt.
Und weil es sowieso bald Morgen wird, verläßt er die Stadt.

Eine kleine Muttergottes

Die Kinder sprechen oft mit Konrad. Die Kinder schon. Kaum macht er irgendwo Rast, sind auch die Kinder da. Kommen aus den Häusern, aus den Scheunen, von den Bäumen runter, lassen ihre Spiele und starren Konrad an. Stehen da auf Abstand und schweigen vorerst noch.
«Na?» sagt Konrad.
Er bricht sich ein Stück vom Brot und schneidet die Wurst.

Die Kinder stupsen sich an.
«Schau, wie der ist!»
«Ein Landstreicher ist er.»
Und sie denken, daß Konrad frei ist. Der muß nicht ins Büro und in die Fabrik. Der hat Zeit. Kann gehen, wohin er will, so wie die Kinder das gern möchten.
Frei wie ein Vogel, denken die Kinder.
Nur daß er eben nicht fliegen kann, sondern mit großen, schweren Stiefeln fest auf der Erde steht. Und daß so einer an nichts hängt – das denken sie auch. So ein Landstreicher, der hat keine Familie, kein Haus und keine Religion, denken sie.
Da möchten sie vielleicht doch nicht so sein wie Konrad.
«Setzt euch her», sagt Konrad.
Er läßt sich's schmecken.
«Hast du nicht zu Mittag gegessen?» fragt ein kleines Mädchen.
Konrad schüttelt den Kopf.
«Warum nicht?»
«Weil ich geschlafen hab», sagt Konrad.
«Was hast du im Rucksack?» will ein Junge wissen.
Konrad zeigt alles her. Da kommen sie näher, hocken sich rund um ihn hin.
«Und in dem Bündel?» fragt einer.
«Und in der Tasche von deiner Jacke?»
Da lächelt Konrad.
In der Tasche der Jacke hat er was Feines.
«Was glaubt ihr?» fragt er.
«Geld», sagen die Kinder. Und: «Eine Pfeife.»
Aber Konrad schüttelt den Kopf. Greift rein. Zieht die Hand nicht raus.
«Eine Muttergottes hab ich da», sagt er. «Eine ganz kleine.»
Das glauben sie nicht. Daß so einer wie Konrad eine Mutter-

gottes hat, das können sie sich nicht vorstellen.
Ist aber doch wahr!
Konrad holt die Hand aus der Tasche und macht sie auf. Eine winzige Madonna hält er da, rosa und blau.
«Ah», sagen die Kinder. «Wahrhaftig! – Aber sie hat keinen Kopf!» sagen sie.

Den Kopf hat Konrad extra. Er hält ihn dran. Ja, der gehört dazu.
«Und warum ist er ab?» will das kleine Mädchen wissen.
Konrad schaut die Kinder an. Eins nach dem anderen. Denkt er nach, oder denkt er sich was aus?
«Vor langer Zeit», sagt Konrad, «da war Krieg. Da haben die Menschen aufeinander geschossen.»

Ja, das wissen die Kinder.
«Da ist sie bei mir gewesen», sagt Konrad. «Und sie hat mich beschützt. Sie hat ihren Kopf für mich hingehalten», sagt er. «Und wenn die Muttergottes nicht gewesen wäre, dann wär ich vielleicht tot.»
Die Kinder nicken und sind still. Und sie denken, daß so ein Landstreicher anders ist, als sie es sich vorgestellt haben. Ein Haus hat er sicher nicht und eine Familie auch nicht. Aber eine Religion – die hat er doch!

Schnecken atmen durch die Haut

Konrad steht da. Schaut. Läßt den Rucksack hinabgleiten. Hockt sich hin an den Wegrand. Schaut.
«Was sehen Sie denn da?»
Es ist ein Spaziergänger, der jetzt auch stehenbleibt.
«Die Schnecken», sagt Konrad. «Weinbergschnecken.»
«Und?» sagt der Mann.
«Die Gehäuse sind immer rechtsrum gedreht», sagt Konrad. «Sehen Sie? Und wenn Sie doch mal eins entdecken, das linksrum gedreht ist, dann sind Sie dem Schneckenkönig begegnet.»
Der Mann schüttelt den Kopf.
«Die können überall kriechen», sagt Konrad. «Der Untergrund ist überhaupt nicht wichtig. Weil die nämlich ihren eigenen Teppich bei sich haben. So 'ne Art Rutschbahn aus Schleim. Den sondern sie unterm Mund aus einer Drüse ab. «Da», sagt Konrad und zeigt mit einem Grashalm hin, ohne die Schnecke anzurühren.
Als er hochblickt, ist der Mann aber gar nicht mehr neben ihm. Es hat ihn nicht interessiert. Dahinten geht er.

«Die atmen durch die Haut», sagt Konrad, «die Schnecken. Zähne haben sie auch.»
Wie die Haut aussieht, denkt er. Die hat lauter Rillen. Wie 'n Rieselfeld. So hält sie die Feuchtigkeit, ist ganz klar. Daß den das alles nicht interessiert!
Na ja, Schnecken sind träge. Machen nicht viel, denkt Konrad. Haben die auch gar nicht nötig, denkt er und grinst. Das Pflanzenzeugs, das die fressen, läuft ja nicht weg.
«Mensch!» sagt er.
Jetzt sieht er, daß die beiden Schnecken sich paaren wollen. Bei denen ist fast jedes Tier sowohl Männchen als auch Weibchen. Konrad weiß das. Aber ob der Mann das schon mal gesehen hat? Wie die das machen?
Schade, denkt Konrad. Schade, daß er weggegangen ist! Na ja, wahrscheinlich mußte er heim wegen dem Abendessen. Und wegen dem Fernsehen auch.

Als er letztes Jahr hier war, hat er sie auch am Brunnen getroffen. So ein kleines Ding, dünn, mit einem Pferdeschwanz.
Sie hebt sich auf die Zehen. Hält den Stein zwischen den Fingerspitzen und läßt ihn ins Wasser plumpsen. Es liegen schon viele Steine im Brunnen.
Konrad denkt, daß sie ihn an ein Insekt erinnert. Auf den Hinterbeinen hochgereckt, zwei flinke Fühler die Arme. Nur Flügel hat sie nicht. Armes, verstümmeltes Insekt.
Konrad streicht sich mit der Hand übers Gesicht. Warum denkt er so was? Kann schon sein, daß er anfängt zu spinnen.
Jetzt sieht das Mädchen ihn. Kein Zeichen, daß sie ihn wiedererkennt. Sie kommt näher.
«Was haste im Rucksack?»
Er läßt sie reinschauen. Aber sie will es genau wissen und packt aus. Socken, Unterwäsche, Tabak, Pullover, Blechtopf, Kaffee, Zahnbürste, Seife, Plastiktüten. In einer Brot, Tomaten und Sülze. Alles legt sie auf den Brunnenrand. Im Bündel ist nur eine Decke. Eine Decke und der Mantel noch.
«Haste die Wurzel mitgebracht? Die aussieht wie ein Männchen?»
Also doch. Sie erinnert sich. Konrad hat aber keine Wurzel.
Er nimmt die Tomatentüte und macht ein Papierschiff für sie.
Das lassen sie schwimmen.
Sie holt einen Stein.
«Das ist der Kapitän», sagt sie.
«Der ist zu schwer», sagt Konrad. «Dann geht's unter.»
«Macht nichts», sagt sie.
Sie legt ihn drauf, und das Schiff geht unter. Ist nur noch braune Matsche, aufgeweichte Tomatentüte.

«Hast du auch ein Kind?» sagt sie.
«Nein», sagt Konrad.
«Warum nicht?»
Konrad denkt nach.
«Weil ich kein Haus hab.»
«Kein Haus, keine Katz, keine Maus», singt sie. Tanzt auf dem Brunnenrand.
Eine Frau mit einer Einkaufstasche geht vorbei.
«Du mußt heim», sagt sie. «Geh heim zu deiner Mutter. Es wird dunkel», sagt sie und hat so einen Seitenblick auf Konrad.
«Geh heim», sagt Konrad.
«Bleibst du hier?»
«Heut nacht», sagt Konrad.
«Und morgen gehst du wieder?»
Konrad nickt.
«Wohin gehst du?»
«Ins nächste Dorf», sagt Konrad, zeigt hinüber. «Und dann weiter.»
«Den Waldweg lang», sagt sie. «An der Wildfütterung vorbei.»
Konrad erinnert sich.
«Wenn du kein Bett hast», sagt sie, «wo schläfst du dann?»
«Draußen», sagt er.
Sie setzt sich neben ihn.
«Das ist dann wie im Märchen», sagt sie. «Die Hasen stehn um dich rum. Und die Eichhörnchen gucken zu dir runter.»
«Ja», sagt Konrad. «Einmal ist mir eins in den Hut gefallen.»
«Gar nicht wahr», sagt sie.
Sie hat sich fest an ihn gelehnt.
«Nimmst du mich mit?»
«Nein», sagt Konrad.

«Doch!»
«Schau», sagt er. «Du bist noch zu klein. Bei den Vögeln ist das auch so: Wenn die Jungen zu früh aus dem Nest gehen, holt sie die Katz.»
«Die gehen doch nicht», sagt sie. «Die fliegen.»
«Siehst du», sagt Konrad. «Fliegen kannst du auch nicht.»
«Doch», sagt sie. Sie steht auf und surrt davon.
«Ich komm ja doch mit!» ruft sie noch.
Dann ist sie weg. Konrad grinst. Er packt sein Zeug zusammen. Macht noch eine Runde. Jetzt werden die Fenster der Häuser hell. Da kriecht Konrad in einen Holunderstrauch und wickelt die Decke um sich.
Es regnet leise. Sommerregen. Sonst ist nichts. Höchstens, daß in der Ferne ein Käuzchen schreit. Hierher kommt keine Polizeistreife. Es wird eine ruhige Nacht.
Am Morgen scheint die Sonne. Konrad muß trotzdem husten.
Als er durch das Dorf geht, schaut er nach ihr aus. Aber sie ist nicht da.
Und dann sitzt sie auf der Heuraufe. Im Wald, wo im Winter die Wildfütterung ist.
«Siehste», sagt sie.
«Geh heim», sagt er.
«Nein.»
«Deine Mutter sucht dich.»
«Nein.»
«Du mußt in die Schule.»
«Nein.»
«Du kannst nicht mitkommen.»
«Du willst mich nicht», sagt sie.
«Ich will dich nicht.»
Da weint sie. Konrad stellt den Rucksack ab und das Bündel.

Hebt sie hoch.
«Wenn sie dich bei mir finden, sagen sie, ich hab dich entführt.»
«Du willst mich nicht», sagt sie.
«Ich will dich schon. Aber ich darf dich nicht wollen.»
«Was ist das – entführt?»
Sie schnüffelt. Drückt ihr nasses Gesicht an sein Ohr.
«Entführen», sagt er, «das ist wie Klauen.»
«Aber du hast mich nicht geklaut.»
«Das glauben die aber nicht. Mir glauben die das nicht.»

«Ich will aber dein Kind sein.»
«Ja», sagt er. «Paß auf, vielleicht sehen wir die kleinen Igel.»
Ganz langsam geht Konrad ins Dorf zurück. Das Kind auf dem Arm. Sein Zeug läßt er, wo es ist.
«Fünf Stück», sagt er. «Man sieht sie nicht gut. Weil sie Blätter auf den Stacheln haben.»
«Woher weißt du das?»
«Ich hab sie gesehen», sagt Konrad. «Wenn wir sie treffen, halten wir an.»
«Weißt du auch, wie sie heißen?»
«Ja», sagt Konrad. «Sie heißen Pick, Pock, Heinrich, Knisper und Knusper.»
Sie lacht. Und dann wird sie still. Vielleicht ist sie eingeschlafen?
«Ich will nicht heim», sagt sie plötzlich.
«Paß auf», sagt Konrad, «vielleicht ist der Fuchs hinterm Baum.»
«Das redste bloß», sagt sie. «Redst lauter Quatsch. Weil du mich heimbringst.»
«Ja», sagt Konrad. «Mußt noch ein bißchen warten», sagt er. «Wenn du groß bist, kannst du weg.»
Sie schweigt. Im Dorf nimmt sie gleich jemand bei der Hand. Zieht sie mit. Konrad wartet. Doch sie dreht sich nicht um.
Konrad denkt, daß es gemein von ihm war. Aber was hätte er machen können?

Eine Hütte wie aus Papier

Es ist eine alte, verfallene Hütte. Klar. Aber Konrad sucht ja kein Luxushotel. Ihm ist es schon recht so. Er geht hinein. Sauber ist es auch nicht eben. Mit dem Fuß fegt Konrad das Gröbste raus. Die Zeitungen streicht er glatt. Die kann er brauchen. Auf die legt er sich.

Schlafen kann er noch nicht. Er ißt ein Stück Schokolade. Die hat ihm ein Mädchen in einem Geschäft geschenkt. Konrad schiebt sich sein Bündel unter den Kopf. Starrt hinaus.

Eine Tür hat die Hütte nicht mehr. Ein Teil vom Dach fehlt auch. Aber da, wo Konrad liegt, ist es dicht. Draußen zirpen die Grillen. Es ist mondhell, und Konrad kann die Umrisse der Bäume sehen. Manchmal raschelt was. Vielleicht ein Fuchs.

Konrad merkt, wie er müde wird. Da ist er wohl eingeschlafen.
Als er aufwacht, ist alles anders. Die Nacht ist dunkel geworden. Es regnet. Plong, plong, tropft es neben ihm runter. Aber nicht auf ihn drauf.
Da schläft er dann wieder ein. Träumt, daß die Bäume reinkommen, knarrend, ächzend.
Das kommt ihm am Morgen wieder in den Sinn. Da muß er lachen.
Konrad könnte in der Hütte frühstücken. Warum er dann trotzdem rausgeht, weiß er auch nicht. Er geht aber raus.
Und – rums – fällt das Ding zusammen! Die Hütte. Direkt hinter ihm, kaum daß er draußen ist. Das Stück Dach und die Wände, alles. Als wär's aus Papier.
Da setzt sich Konrad auf einen feuchten Baumstamm und ist ganz still.

Wie es Konrad mal zu gut geht

Die Wirtin vom «Ochsen» ist immer gut zu Konrad gewesen. Sooft er im Dorf war, hat sie ihm Tellerfleisch spendiert, Knödel und sogar Salat. Und mit dem Wein ist sie auch nicht geizig gewesen. Als Gegengabe hat Konrad schon mal was repariert. Und auch das Rohr vom Waschbecken hat er saubergemacht, weil es verstopft war.
An dem Tag aber, an dem das passierte, da ist die Wirtin zu gut zu Konrad gewesen. Darum ist es dann auch passiert.
Also, Konrad trinkt seinen Roten und noch einen und noch einen. Und weil ihm die Wirtin vom «Ochsen» wieder eingießt, trinkt er noch einen dazu.

Da hat Konrad zuviel. Nicht, daß ihm komisch ist. Überhaupt nicht. Konrad ist leicht und beschwingt zumute wie lange nicht mehr.
Er hüpft hinaus aus der Gaststube, die Stufen hinunter und schnuppert die Nacht. Es ist Sommer. Den Duft von Heu gibt es zu riechen, von warmer, feuchter Erde und von Rosen irgendwoher. Schön ist das. Gut. Aber dann sieht Konrad das Fahrrad. Nicht, daß was Besonderes daran zu sehen wäre. Ein ganz normales Fahrrad ist es. Es gehört der Wirtin. Konrad kennt es schon lange.
Da steht es, an die Hauswand gelehnt. Ein bißchen schräg steht es, wie Konrad auch. Aber heute, in dieser Nacht, sieht Konrad das Fahrrad mit einem besonderen Blick.
Das wäre was, in so einer Nacht auf einem Fahrrad zu sitzen, denkt er. Mitten durch den Heuduft hindurchzufahren, die Straße immer weiter entlang, auf den Mond zu.
Und wie das so ist: Der Gedanke ist so stark, daß er Wirklichkeit wird. Konrad spürt die Lenkstange in der Hand. Er spürt die Pedale unter den Füßen, den Sattel unter dem Hintern, und weg ist er! Im Zickzack aus dem Dorf raus, dann schön gerade weiter.
Was Konrad sich denkt? Nichts denkt er sich. Er fängt zu singen an. Irgend so ein Lied, das er lange vergessen hatte. Oder vielleicht gibt es das Lied auch gar nicht, und Konrad erfindet es. Ein Lied ohne Worte.
Nach Asphalt riecht es, nach Fichtenwald und Pilzen, nach taunassem Gras und wieder und wieder nach Heu. Aber den Mond erwischt Konrad nicht. Da kann er jagen, wie er will.
Ein Viertelstündchen Schlaf, denkt Konrad. Dann bin ich wieder frisch. Er stellt das Rad behutsam an eine Birke und legt sich ins Moos. Dabei hat er eine Grille aufgeweckt. Die zirpt.

«Schlaf», sagt Konrad. «Schlaf.»
Und schläft selber. Traumlos und tief, als hätte er ein gutes Gewissen.
Das ändert sich, als er aufwacht. Sehr früh wacht Konrad auf. Versucht sich zu erinnern. Was war nur in der Nacht? Das ist ein schöner Schreck, als er das Fahrrad sieht. Da könnte doch einer glatt sagen, daß Konrad geklaut hat!
Er kratzt sich den Bart. Dann läßt er seinen Magen knurren und schwingt sich auf den Sattel. Trampelt wie verrückt.
Die Sonne ist auch schon da, und der Schweiß rinnt Konrad nur so runter. Daß er nachts so weit gefahren ist!
Einmal kommt Konrad ein Polizeiauto entgegen. Da denkt er, daß es nun aus ist. Aber die halten nicht, und Konrad jagt weiter.
Im Dorf fährt er langsam. Von der Ecke aus schaut er, was vorm «Ochsen» los ist. Gar nichts ist los. Das Gasthaus liegt still da, und keine Menschenseele ist zu sehen.
Konrad fährt, springt ab, stellt das Fahrrad hin. Und dann kann er endlich durchatmen. Ganz tief. Wie konnte er so was tun? Aber verdammt schön war's, denkt Konrad.

Wie Konrad das Fürchten lernt

«Ja, und fürchten Sie sich denn nicht?»
Das fragen sie Konrad oft. Weil er unter den Brücken schläft, im Wald und wer weiß wo. Weil er keine Tür hat, die er hinter sich abschließen kann, zweimal, dreimal. Nicht mal eine Gaspistole hat er.
Konrad grinst dann. Was sollten sie von ihm wollen? Einer, der nichts besitzt, der braucht sich nicht zu fürchten.

Das denkt er nicht, daß er trotzdem eines Tages das Fürchten lernt, das Gruseln, das Grausen.
Konrad ist im Wald. Pflückt Himbeeren in seinen Hut hinein. Dann findet er noch Pilze. Frühe Pfifferlinge. Am Abend macht er ein Feuerchen, schmort die Pilze in seinem Topf mit dem Stück Butter, das er noch hat. Dazu ißt er Brot.
Den Himmel kann Konrad nicht sehen. Der Wald ist zu dicht. Aber da wird es auf einmal so still. Das kennt er doch. Daß die Vögel aufhören zu zwitschern. Und daß die Bäume dastehen, als hielten sie den Atem an. Schwül genug ist es ja. Es gibt ein Gewitter.
Da packt Konrad seinen Kram zusammen und blickt sich um. Jetzt donnert es. Fern, dann näher. Der Blitz macht sein Zeichen. So dunkel ist es plötzlich geworden, daß man meinen könnte, es sei Nacht.

Konrad geht los. Sucht einen Platz. Warum geht er ausgerechnet in die Richtung? Zwängt sich durch das verfilzte Gestrüpp, das an einen Urwald denken läßt?
Er weiß es selber nicht. Das Dornenzeug reißt ihm die Hände blutig. Der Donner rollt näher heran. Kein Tropfen Regen fällt.
Jetzt schlitzt der Blitz wie ein Messer die schwarze Dunkelheit auf. Da sieht Konrad die Umrisse der Hütte. Vielleicht ist das mal ein Heuschuppen gewesen. Früher, als das hier noch nicht so zugewachsen war. Da mag jahrelang keiner hingekommen sein.
Es ist eine verfallene, schiefe Holzhütte. Konrad kriecht rein, durch Gesträuch durch, hochgewachsenes, trockenes Gras und Unkraut. Er wischt sich die Spinnweben aus dem Gesicht.
Irgendwas flieht vor ihm. Was Kleines. Eine Maus vielleicht. Oder eine Blindschleiche.
«Kannst ruhig bleiben», sagt Konrad ins Finstere hinein.
Dann tastet er sich vorwärts. Laub liegt auf dem Boden. Vom Vorjahr. Vielleicht von mehreren Jahren. Nun legt das Gewitter los, genau drüber. Aber selbst der Blitz ist nicht imstande, das Innere der Hütte hell zu machen. Jede Ritze ist von draußen zugewachsen.
Da nimmt sich der Wald den Platz wieder zurück, denkt Konrad. Noch ein paar Jahre, und die Bude ist nicht mehr zu finden.
Er tastet den Boden ab und macht sich sein Lager. Es wäre ihm schon recht, wenn der Donner jetzt aufhörte. Aber zuerst schlägt noch der Blitz ein. Mit einem trockenen, hellen Knall. Das war nicht weit weg.
Dann wird's langsam ruhiger. Regnet nur ein bißchen. Und der Wind geht noch. Was das Gewitter angeht, könnte Kon-

rad jetzt schlafen. Aber da hört er das andere Geräusch.
Es ist etwas, das er nie zuvor gehört hat. Strenggenommen sind es zwei verschiedene Geräusche, die wohl zusammengehören. So ein Knarren und Ächzen und dann das Klappern.
Konrad bemüht sich, nicht hinzuhören. Es schlägt halt was gegen die Wand. Der Wind macht das. Wird er morgen noch früh genug sehen.
Aber es ist gar nicht so einfach, einzuschlafen bei diesem Ächzen, Klappern und Knarren. In der Nacht dringt es Konrad bis in die Träume hinein. Oder weckt es ihn immer wieder auf? Da sinkt er in den Tiefschlaf, und es treibt ihn wieder hoch, an die Oberfläche, an die Grenze zum Wachsein.
Am Morgen fühlt sich Konrad nicht wohl. Und noch ehe er die Augen aufschlägt, fällt es ihm ein. Er horcht. Nichts. Nur die Vögel zwitschern draußen.
Er gräbt den Kopf noch mal in sein Bündel. Hustet den Morgenhusten. Dann will er es aber wissen. Er macht die Augen auf. Im selben Moment weiß er es, springt hoch.
Da hängt nämlich einer. In der Ecke hängt einer. Hat sich da aufgehängt. Nicht gestern und nicht vorgestern. Der muß schon Jahre da hängen. Ist kein Fleisch mehr dran, nur die Knochen und ein paar Fetzen von den Kleidern.
Das war mal ein Mann. Was von ihm übrig ist, hat heute nacht an die Wand geklopft. Auf einmal spürt Konrad das Gruseln, das Grausen.
Und obschon er sich vor dem da doch eigentlich nicht zu fürchten braucht, reißt Konrad sein Zeug an sich und macht, daß er rauskommt. Rennt und rennt und rennt.

Die Einladung

Konrad bleibt stehen. Nur so. Es ist keine Absicht dabei. Er schaut den Männern zu. Die bauen ein Haus. Setzen die Steine aufeinander, Stein auf Stein. Einer von ihnen ist am Zementmixer.
«Na, Alter», sagt er.
Konrad nickt. Will weitergehen. Da schenkt ihm der Mann eine Flasche Bier. Konrad trinkt ihm zu. Das Bier tut gut bei der Hitze.
«Wohin gehst du?» fragt der andere.
Konrad macht eine Handbewegung. Über den Neubau hinweg. Über die Stadt hinweg. Dahin geht er. Der andere lacht.
«Feierabend!» ruft er.

Die Männer klettern am Gerüst runter. Konrad riecht ihren Schweiß. Die Körper sind von der Sonne verbrannt. Der eine gefällt ihm nicht. Der blickt finster. Aber was geht es ihn an? Die Männer waschen sich am Wasserschlauch, prusten. Vier Männer, der vom Zementmixer eingerechnet.
«Ja, denn», sagt Konrad.
Er stellt die leere Flasche auf einen Bretterstapel.
«Komm mit», sagt der Zementmixer-Mann. «Wir heben noch einen.» Er macht eine Bewegung mit der Hand: wie man ein Glas kippt. Sie lassen die Hemden am Hals offenstehen. Konrad geht mit.
Es ist eine kleine Kneipe. Konrad bestellt Würstchen. Würstchen und ein Bier. Die Männer lachen über Geschichten, die er nicht kennt. Konrad versteht auch nicht alles, was sie sagen. Es ist ein anderer Dialekt hier.
An der Wand hängt das Foto einer Heidelandschaft. Das ist weit weg. Konrad kennt die Heide. Er erinnert sich an den Geruch. Und an das Licht. Ganz plötzlich möchte er dort sein. Es ist ein heftiger Wunsch.
«Sagst ja gar nichts.» Die Männer kippen das Bier wie Wasser.
«Der ist müde, weil wir gearbeitet haben», sagt der eine, der Konrad nicht gefällt.
Wenn Konrad einfach in die Heide ginge? Das ist natürlich Unsinn. So kann er das nicht machen. Es hat ja einen Sinn, daß er hier ist. Das ist eine gute Gegend, darum ist er hergekommen. Gut zum Klopfen. Morgen früh fängt er an. Er hat nicht einen Pfennig in der Tasche.
Und dann fängt er doch nicht an. Weil alles ganz anders kommt.
Denn auf einmal stehen die Männer auf. Müssen pinkeln, alle vier. Konrad denkt sich nichts. Er schaut sich um. Die Kneipe ist fast leer. Drei Leute spielen Skat. Und eine Frau sitzt allein.

Sie ist schon etwas älter. Sie dreht einen Bierdeckel in der Hand. Konrad merkt, daß sie Schlagseite hat.
Dann dauert es ihm doch etwas zu lange. Wo bleiben die bloß? Der Wirt schaut auch schon. Konrad steht auf, um nachzusehen. Da schießt der Wirt hinter dem Tresen hervor, packt ihn bei der Schulter.
«Willst wohl abhauen, Alter! Nichts da! Erst ‹Zahlemann und Söhne›.»
«Die haben mich eingeladen», sagt Konrad. «Die Bauarbeiter.» Er bleibt ganz ruhig. Aber in Wirklichkeit hat er ein mieses Gefühl.
«Das könnte dir so passen», sagt der Wirt. «Die sind weg. Haben gesagt, du zahlst.»
Ja, und dann die Polizei. Konrad ist immer noch ganz ruhig. In der Zelle auch. Hat ja alles keinen Sinn. Was kann er schon

machen? Nichts kann er machen. Die haben ihn angeschissen, die gemeinen Hunde. Und er sitzt da und stellt sich die Heide vor.

In den anderen Zellen sind auch welche. Aber Konrad redet nicht mit denen. Er ißt und trinkt und schläft, und einmal bringt ihm einer 'ne Zeitung.

Irgendwann ist die Gerichtsverhandlung. Vor Gericht war Konrad noch nie. Sie führen ihn zu früh rein. Die Richterin ist noch beim vorhergehenden Fall.

Auch Zechprellerei. Sechshundert Mark. Ein junger Typ. Teurer Anzug. Der faselt was von tragischen Verwicklungen. Von einer Kette unglückseliger Zufälle. Faselt und faselt.

Bis die Richterin die Hand hebt. Vierhundert Mark Geldstrafe kriegt er. Ersatzweise acht Tage Haft.

Konrad atmet auf. So schlimm ist das hier alles nicht. Seine Zeche war acht Mark vierzig.

Natürlich kann er das dann nicht verstehen: daß er drei Monate ins Loch muß. Das versteht er nicht.

Konrad erlaubt sich zu fragen. Ganz ruhig natürlich. Da sagt sie, daß es ein Unwesen ist mit den Nichtseßhaften. Die Richterin sagt das. Und daß sie ein Exempel statuieren muß. Das heißt, daß Konrad sitzen wird. Drei Monate.

Von wegen Heide . . .

Wenn die Zeit da ist

Konrad tut das leid, daß so viele Igel totgefahren werden.

Wenn er morgens einen trifft, so einen Stacheligen, der die Straße überqueren will, dann trägt er ihn schnell rüber.

Mit den bloßen Händen faßt er ihn an. Ist ganz einfach. Die

Stacheln von vorn nach hinten streichen. Und fest zupacken muß man – das vor allem.

Ja, und ein paar Kilometer weiter liegt dann einer, zusammengefahren, Eingeweide rausgerissen. Den schiebt Konrad mit dem Fuß ins Gras. Da kann der Fuchs ihn in Ruhe fressen. Es ist Spätsommer, Altweibersommer, ganz ruhig, warm. Silberne Fäden in der Luft. Die Drosseln krakeelen im Holunder.

Im Vorbeigehen pflückt sich Konrad ein paar Hände voll Brombeeren. Ein Bier wäre ihm lieber. Es ist auch nicht mehr weit zum Dorf. Man hört schon den Hahn.

Konrad begrüßt den Bauern, der mit dem Heu vorbeifährt. Der Bauer nickt ihm zu. Hinter dem Hügel wächst die Kirchturmspitze hoch. Es geht auf den Abend. Die Schatten sind lang.

Gleich am Anfang des Dorfes ist der Biergarten. Konrad nimmt den Rucksack ab. Für ein paar Augenblicke wird ihm schwindelig. Nur ganz kurz.

An den Tischen unter den Kastanienbäumen sitzen Leute. Das Sonnenlicht fällt zwischen den Baumstämmen durch auf die vollen Biergläser. Konrad schluckt. Seine Kehle ist trocken.

Aber noch ehe er den Garten betreten kann, spielt sich das Furchtbare vor seinen Augen ab. Ein Mann schreit auf. Die anderen rennen hin, sind wie eine Traube um ihn rum, fassen ihn an, halten ihn, rufen was.

Eine Wespe hat den Mann gestochen, das versteht Konrad. Die haben ein Gift, das aufs Herz geht, die Wespen, ein lähmendes. Da muß man was geben, das anregt.

Aber noch ehe Konrad das zu Ende gedacht hat, ist der Mann schon tot. Die anderen treten zurück, erschreckt, ungläubig.

Die zwei, die ihn halten, legen ihn hin. Ins Gras zwischen die Tische legen sie ihn. Der eine schiebt ihm seine Jacke unter den Kopf. Ein anderer rennt los.
Konrad weiß nicht, wohin er rennt. Was kann es Eiliges geben? Der Mann ist tot. Durch einen Wespenstich.
Die muß in eine Ader getroffen haben, denkt Konrad. Irgendwie passiert's halt, denkt er. Wenn die Zeit da ist.
Er geht an einen entfernten Tisch, zieht behutsam den Stuhl vor, blau mit abgeblättertem Lack, und setzt sich. Niemand nimmt Notiz von ihm. Das ist auch gut. Er will jetzt kein Bier. Deswegen bleibt er nicht. Er bleibt nur so. Weil man doch nicht einfach weitergehen kann.

Aber auswandern ist doch auch was

Die Schildkröte hat Konrad schon länger. Die Olga. Auf der Straße hat er sie aufgelesen. So eine kleine Schildkröte.
Zuerst hat sie den Kopf eingezogen. Dann aber nicht mehr. Jetzt kann er zu ihr sprechen. Da schaut sie. Konrad trägt die Olga in der Tasche seiner Jacke. Manchmal redet er beim Gehen. Brabbelt so vor sich hin. Meint die Olga. Nicht, daß er glaubt, sie versteht ihn. Das ist natürlich Unsinn. Aber sie ist da. Und ein Lebewesen ist sie.
Am liebsten mag die Olga Fisch. Konrad geht in die Fischgeschäfte und fragt für sie. Manche denken, daß er spinnt. Aber dann zeigt er sie her, die Olga. Die schauen vielleicht! Und oft wird das Stück Fisch dann größer als erwartet. Darum ißt Konrad jetzt auch öfter Fisch.
Auf der Wiese läßt er die Olga laufen. Aber höllisch aufpassen muß er schon. Die Olga ist nämlich flink.

«Bleib hier», sagt er. «Allein kommst du doch nicht durch.»
Das dumme ist bloß, daß Konrad fort muß. Die Olga weiß ja nichts davon. Aber Konrad geht nach Amerika. Wandert aus. Im Herbst wird das sein. Jack nimmt ihn mit, und sie fliegen.
«Komm mit mir», hat Jack gesagt. «Wenn ich zurückgehe, kommst du mit.»
Jack ist ein Amerikaner. Sie haben miteinander getrunken in einem Gasthaus. Nicht nur einmal. Und geredet haben sie. Jack hat eine Farm im Westen von Amerika. Da kann er einen wie Konrad brauchen. Keine schwere Arbeit. Überhaupt keine Arbeit. Nur nach den Pferden soll er schauen. Die Arbeit macht der Knecht.
Jack ist ein feiner Kerl. Sagt, daß Konrad sein Freund ist. Aber eine Schildkröte darf man nicht mitnehmen. Das ist nicht erlaubt.
Und dann ist September. Und schon ist Oktober. Um den fünften wollen sie sich treffen. In dem Ort, wo sie sich kennengelernt haben. In dem Gasthaus.

Noch ist Konrad zwei Tagereisen entfernt. Er sitzt am Waldrand. Die Olga im Moos. Guckt sie ihn an? Schwarze Perlen die Augen.
Konrad streichelt ihr ganz sachte den Kopf. Mit der Spitze vom kleinen Finger. Krault sie unterm Kinn. Dann trägt er sie dahin, wo er die andere Schildkröte gesehen hat. Im Dorf in einem Garten. Die haben ein richtiges Gehege gebaut.
Ob die sie nehmen? Natürlich wollen die Kinder sie.
«Sie heißt Olga», sagt Konrad.
Die Frau lacht. Die andere Schildkröte ist größer. Dreckiger ist sie auch. Konrad hat Olga jeden Tag gewaschen.
«Sie mag gern Fisch», sagt er noch.
Dann geht er los. Zwei Tagereisen. Im Oktober sehen die Bäume aus, als ob sie brennen. Ein Fest ist der Oktober. Da werden Fackeln angezündet. Schön, denkt Konrad. So schön. Ob das in Amerika auch so ist? Zwei Tagereisen. Er weiß den Weg genau. Auch die Abkürzungen. Manchmal redet er ein bißchen. Brabbelt so vor sich hin. Oder er steckt ganz vorsichtig die Hand in die Tasche. Und die Hand sucht dann. Aber auswandern ist doch auch was. Oder?
Vom dritten bis zum zehnten treibt sich Konrad bei dem Gasthaus rum. Jeden Tag fragt er nach. Aber keiner weiß was. Und Jack kommt nicht. Kommt einfach nicht.

Ein Häuschen aus Holz

Es ist Herbst. Der Wind tut so fremd. Das Licht hat sich verändert. Und die Luft riecht nach Moder und Feuchtigkeit. Da kann die Sonne machen, was sie will. Ihre Zeit ist vorbei. Die Vögel sitzen nebeneinander auf den Leitungsdrähten und

planen den Abflug. Längst haben die Eichhörnchen Haselnüsse und Bucheckern geerntet.
Der Herbst zupft den Bäumen das Laub ab. Braun, Gelb, Rot. War Konrad in den andern Jahren auch das Herz so schwer? Er hustet. Stopft sich die Pfeife, raucht. Schaut den Kindern zu.
Die haben sich Hüpfekästchen auf den Gehsteig gemalt. Hoppeln auf einem Bein. Der Ort war gut. Konrad hat 'ne Menge Geld. Er kann auf dieser Bank sitzen bleiben, solange er Lust hat. Tagelang, denkt Konrad.
Zu essen hat er genug da. Und Wein.
Das ist der Ortsrand hier. Gegenüber zwischen den Fichten steht ein Häuschen aus Holz. Eine kleine Baracke. Grün mit schwarzen Fensterrahmen, 'n paar Fußbreit Wiese davor, Zaun drum.
«Jaja», sagt Konrad.
Seine Hand gleitet über den Rucksack, das Bündel. Seit gestern hat er ein drittes Gepäckstück – den Schlafsack. Er hätte ihn leicht in das Bündel stopfen können. Soviel Platz braucht der ja nicht.
Aber Konrad trägt ihn so mit. Benutzt hat er ihn auch noch nicht. Spart ihn auf. Ist ja noch nicht kalt. Nicht so kalt.
Den Schlafsack hat ihm einer geschenkt. Ganz von sich aus. Weil er gemeint hat, daß Konrad friert in der Nacht. So nett sind die Leute manchmal.
Der Schlafsack ist federleicht. Konrad streicht mit der Hand darüber. Gähnt. Ein bißchen wärmt die Sonne doch noch. Warum soll er nicht einschlafen? Kann er doch ruhig.
Im Traum hat ihm einer das Haus geschenkt. Das Häuschen. Schwarz mit Grün. Konrad steht davor. Faßt es mit den Fingerspitzen an. Ganz vorsichtig.
Dann denkt er, daß er reingehen will. Ihm ist kalt. Erbärmlich

kalt ist Konrad. Zuerst hat er Angst, daß abgeschlossen ist. Ist aber nicht abgeschlossen.
Konrad tritt ein, und für eine Weile ist es genauso, wie er es sich vorgestellt hat. Die Wände um ihn rum, und mittendrin er. Ein Bett und ein Ofen. Ein Stuhl, ein Tisch. Und sogar eine Fensterbank. Da wird er eine Geranie hinstellen. Eine rote.
Und dann ist es vorbei. Konrad muß nämlich weitergehen in seinem Traum. Er kann nicht drinbleiben in dem Häuschen. Und obwohl er es eigentlich gar nicht will, macht er einen Schritt und den nächsten. Und schon ist er draußen und hat das alles hinter sich gelassen:
Die Wände, das Bett, den Ofen, den Stuhl, den Tisch und die Fensterbank. Ist wieder draußen und kann nicht zurück in dem Traum. Im Weggehen dreht er sich um, will hinschauen. Aber er kriegt die Augen nicht auf.
Er kriegt die Augen nicht auf. Und dann doch. Da sitzt er auf der Bank. Das Häuschen steht drüben. Närrischer Traum. Die Kinder spielen nicht mehr. Wird es schon dämmerig?
Konrad streicht sich mit der Hand übers Gesicht. Er hat lange geschlafen. Jetzt will er fort. Er merkt, daß seine Füße kalt sind. Er steht auf, greift nach dem Rucksack, dem Bündel.
Der Schlafsack aber ist nicht mehr da. Auch nicht unter der Bank. Sie haben Konrad den Schlafsack geklaut. Irgendeiner ist vorbeigegangen und hat ihn mitgenommen.
«Na ja», sagt Konrad.
Dann geht er los. Bei den ersten Schritten hustet er. Die Kälte ist feucht. Es ist Herbst.

Ich geh dann wieder, sagt Konrad

Es ist kalt. Kein Schnee, nur der Frost. Vor ein paar Jahren hat Konrad sich drei Zehen abgefroren. Am linken Fuß. Jetzt hat er gute Stiefel. Und zwei paar Wollsocken übereinander. Der Mann, von dem Konrad die Stiefel kriegte, hat größere Füße. Konrad hat sich Fleischwurst gekauft. Und Schnaps. Jetzt sind die Geschäfte geschlossen. Es ist ruhig. Das ist ein Sommer-Kurort. In die großen Städte geht Konrad nicht. Da sind zu viele. Es gibt leicht Ärger.

Er wandert die Promenade am See entlang. In den Blumenbeeten stehen noch die Astern. Braun, erfroren. Die Enten sind irgendwo im Schilf.

In einem Papierkorb findet Konrad Zeitungen. Die nimmt er mit. Der Musikpavillon ist zugig. Aber der hintere Teil hat einen Holzfußboden. So eine Art Bühne für das Orchester. Im Sommer machen die hier Musik. Dann spazieren die Leute in bunten Kleidern rum.

Konrad stolpert über eine Flasche. Er flucht. Es ist verdammt dunkel. Er breitet die Zeitungen aus und was er sonst noch hat. Die andere Hose, das schmutzige Hemd. Das Bündel nimmt er als Kopfkissen.

Auf einmal ist Konrad furchtbar müde. Hunger hat er auch keinen mehr. Er nimmt einen Schluck Schnaps und wickelt sich fest in die Decke ein.

Das nächste ist, daß er aufwacht, weil er was hört. Ein Liebespaar. Das Mädchen schreit auf. Da muß er sich wohl bewegt, ein Geräusch verursacht haben. Wahrscheinlich haben die Zeitungen geraschelt.

«Keine Angst», sagt Konrad.

«Schlafen Sie hier?»

«Ich muß sowieso noch mal weg», sagt er. «Bleibt ruhig.»

Läuft er eben noch ein bißchen rum. Beißt doch ein Stück Wurst ab. Trinkt noch einen. Die Lichter vom Ort sind erfroren. Und die Sterne.
Es muß schon spät sein. Konrad hat keine Uhr. Es ist sehr still. Das kann man sich im Sommer gar nicht vorstellen, wie still so eine Winternacht ist. Konrad reibt sich die Nasenspitze warm.
Als er zurückkommt, ist das Liebespaar fort. Es riecht nach Zigarettenrauch. Konrad schläft gleich wieder ein. Ab und zu macht ihn die Kälte wach. Dann reibt er sich die Arme und die Beine.
Gegen Morgen weckt ihn die Polizei. Papiere vorzeigen. Na ja, das Übliche. Eine Routinekontrolle. Konrads Papiere sind in Ordnung. Dann gehen sie wieder.
Ein ganz grauer Tag ist das. Kein großer, weißer Frostmorgen mit Glitzerrauhreif auf den Bäumen. Die Kälte ist gebrochen. Zusammengebrochen, denkt Konrad. Wie ein Mensch, der sich zu lange zu gerade gehalten hat, zu stramm und aufrecht.
Ein Scheißtag ist es. Beim Klopfen gibt ihm einer ein Kuvert. «Aber erst aufmachen, wenn Sie um die Ecke sind.»
Das fühlt sich gleich so komisch an. Und dann sind sieben Pfennige drin. Sieben Pfennige! Die hätte er sich auch sonstwo hinstecken können. Was soll Konrad mit sieben Pfennigen?
Und so ähnlich geht's weiter. Hier nichts und da ein paar Groschen. Am Nachmittag fängt Konrad an zu frieren. Das darf er nicht. Das ist gefährlich. Zwei Häuser macht er noch, dann kauft er sich Schnaps. Lieber nichts essen, aber warm sein.
Im Parterre öffnet keiner. Dann guckt oben eine zum Fenster raus, eine junge Frau. Sie winkt ihn rauf. Er ißt mit ihr zusammen Bohnensuppe mit Speck drin. Geld hat sie selber

nicht. Auch gut. Die Bohnensuppe ist gerade das, was Konrad jetzt braucht.
Üppig eingerichtet ist die Wohnung nicht. Unter der Spüle Holzkisten mit Wachstuch drüber. Billiges Radio. Nur der Schaukelstuhl ist schön. Groß und behäbig und weich.
Da soll er sich reinsetzen, sagt sie.
Sie ist ein nettes Mädchen, fragt nichts, redet überhaupt nicht viel. Macht rum. Die Pfeife stört sie auch nicht. Da raucht Konrad und schaukelt ein bißchen. Die Wärme krabbelt in ihm hoch und macht, daß es ihm gutgeht. Immer besser. So eine dicke, mollige Wärme ist das.
Aber mal hat er natürlich die Pfeife leergeraucht.
«Ich geh dann wieder», sagt Konrad.
«Ich muß auch fort», sagt das Mädchen. «Einkaufen. Paar Minuten noch. Dann gehen wir zusammen runter.»
Konrad nickt. Und dann kann er überhaupt nicht mehr dagegen an. Gegen diese wunderbare Wärme, die wie ein Pelztier um ihn rumschnurrt und in ihn rein.
Das Mädchen zieht den Mantel über und schaut zu Konrad hin. Sein Kopf ist zur Seite gerutscht. Die Hände liegen auf den Knien. Konrad schläft. Sein Atem pfeift ein bißchen. Ganz leise.
Das Mädchen lächelt. Geht sachte hinaus und schließt die Tür.

Bei fünfundzwanzig Grad unter Null

Es ist ein kleiner Ort. Konrad denkt nicht mal, daß die 'ne Unterkunft haben. Und dann haben sie doch eine.

Konrad meidet sonst solche Herbergen. Obdachlosenasyle. Sie erinnern ihn an seine mieseste Zeit. Als er noch nicht wußte, wo's lang geht.

Da hat er in den Löchern übernachtet. Zwischen den anderen mit ihrem Schnarchen, Furzen und Rülpsen, ihrem Gestank und dem versoffenen Geheul. Seitdem nicht mehr.

Aber was soll Konrad machen, wenn es fünfundzwanzig Grad unter Null sind? Und die Heuschuppen abgeschlossen. Verrammelt und verriegelt. Kein loses Brett.

Also rein in die gute Stube. Warm ist es ja. Und außer ihm nur zwei da. Die pennen schon. Haben vorher noch auf den Boden gespuckt.

Es ist wie überall. Betten übereinander. Sonst alles kahl. Die graue Wolldecke stinkt. Konrad legt sie unter sich. Rollt sich in die eigene ein. Was macht's schon? Im Schlaf weiß man nicht, wo man ist. Soweit ist alles gut. Und am nächsten Tag fällt Schnee, und es ist nicht mehr so kalt.

Erst am Mittag merkt es Konrad. Er merkt es genau in dem Augenblick, als er in der Bäckerei steht, wo sie ihm das Gebäck von gestern billiger lassen.

Konrad erstarrt. Was soll er machen? Er kann sich nicht mal kratzen. Geht raus. Der Appetit ist ihm vergangen. Konrad hat Läuse.

Die krabbeln ihm munter unten rum. In den Schamhaaren. Konrad gerät in Panik. Läuse übertragen Krankheiten. Krank werden will er nicht. Krank werden darf er auch nicht.

Aber wie soll er sie loswerden? Mitten im Winter. Auf der Straße. Mit dreißig Pfennig in der Tasche.

«Diese verdammten Ferkel», sagt er. «Für unsereinen braucht man ja 'ne Unterkunft nicht sauberzuhalten!»
Und dann weiß er es. Er geht zur Gemeinde. Sagt es. Ganz ruhig natürlich. Sagt, daß da Läuse sind im Asyl. Und an ihm. Daß er zum Arzt muß. Und er hat kein Geld.
Das ist denen peinlich. Das Mädchen wird rot, und der Kollege weiß auch nicht so recht. Aber dann holen sie den Vorgesetzten, und schließlich kriegt Konrad einen Krankenschein. Lange genug hat es ja gedauert. Bei dem Gekrabbele, das er spürt.
Der Arzt lacht. Der hat gut lachen.
«Hab ich ewig nicht mehr gesehen», sagt er. «Ich dachte schon, Läuse gibt es nicht mehr.»
«Ja», sagt Konrad.
Er hat sie immerhin.
Aber dann kriegt er Puder von dem Arzt. Und auch gleich was anderes zum Anziehen. Weil er doch alles wegwerfen muß. Vernichten.
«Und täglich zweimal behandeln», sagt der Arzt noch.
Sagt der so hin. Als ob Konrad ein Badezimmer hätte.
Mit blauen Kacheln vielleicht.

Weihnachten kommen die Erinnerungen

Heiligabend. Da lädt Konrad sich selber zum Essen ein. Goulasch mit Kartoffeln und Salat. In der Dorfkneipe. Jetzt sitzt er und raucht seine Pfeife.
Konrad kennt den Ort. Er war schon einmal hier. Es ist Jahre her. Aber der Heuschuppen steht noch am Waldrand. Da wird er schlafen.

Draußen liegt Schnee. In der Kneipe herrscht Trubel. Konrad ist froh, daß er die anderen abgehängt hat. Den Blinden und Lana. Die sind auch von der Straße. Man kann schon mal ein Stück mit ihnen gehen. Bloß, wenn einer was spendiert, dann wird's schlimm.
Dann kriegen die Streit. Im Suff kriegen die immer Streit. Schlagen sich. Der Blinde ist natürlich nicht blind. Der tut nur so, wenn nichts los ist. An der Straßenecke. Und Lana hat ein zahnloses Maul. Aber keifen kann sie. Die landen dann regelmäßig bei der Polizei. Konrad grinst.
Einer von den Burschen in der Kneipe schiebt ihm einen Schnaps zu. Einen Klaren. Jetzt zerren sie eine Fichte herein. Sie kriegen sie kaum durch die Tür.
«Na, Alter, wie findste den?»
«Hättet ihn besser im Wald gelassen», sagt Konrad.
Für ihn gehören Bäume in den Wald. Aber die müssen ja Kugeln dranhängen und Lametta. Konrad hustet. Die Kneipe ist verqualmt. Er greift in die Tasche seiner Jacke. Die Kerzen sind da. Konrad streichelt sie ein bißchen.
«Na Alter, bist wohl fern der Heimat?»
Einer von den Bauern hockt sich zu ihm hin. Schiebt ihm fünf Mark unter die Hand, die auf der Tischplatte liegt.
Konrad denkt, daß es ihm gut geht. Um Weihnachten geht es ihm immer gut. Da weichen sie auf, die Menschen. Werden sozial.
Jetzt schickt ihm einer ein Bier. Konrad sitzt an den Kachelofen gelehnt und raucht. Der Fernseher und das Radio spielen abwechselnd. Manchmal spielen sie auch beide gleichzeitig. Laut, dröhnend. Und dann reden sie alle drüber weg. Über die Weihnachtsmusik und die frommen Geschichten.
Eine Katze geht zwischen den Leuten hindurch, geradewegs zu Konrad hin. Springt auf die Bank. Die spüren das, wenn

man sie mag. Konrad streichelt sie. Den runden Kopf zwischen den Ohren, den Rücken. Es ist eine schwarzweiße Katze. Ein dunkler Fleck sitzt genau auf der Nase.
«Da kommen die Erinnerungen, was?»
Der von vorhin setzt sich wieder neben Konrad. Konrad stopft seine Pfeife neu.
«Weihnachten kommen die Erinnerungen.»
Was der andere meint, ist fern. Ein dunkler Teich, verhängt mit Nebeln.
«Hast auch bessere Tage gesehen.»
Der gibt keine Ruhe. Da fällt Konrad die verdammte Geschichte ein. Er sieht die Katze an, und es fällt ihm wieder ein.
«Ja», sagt er, «und schlechtere. Kannst du schon glauben.»
Er drückt mit dem Daumen die Glut im Pfeifenkopf fest. Die Katze war auch schwarzweiß gewesen. Das war in der schlimmen Zeit. Das war, als Konrad sich noch nicht auskannte. Da hatte er Hunger gehabt. Und es war Winter, Winter wie jetzt.
Sie hatte nichts gespürt. Bestimmt nicht. Das wußte er genau. Er hatte es mit einem Schlag gemacht.
«Sie schmecken nicht viel anders als Hasen», sagt Konrad.
Aber der Mann sitzt schon nicht mehr neben ihm.
Es wird spät. Jetzt haben sie alle gegessen. Ein paar sind betrunken, lallen. Der Wirt gähnt. Die Kerzen am Baum sind elektrisch. Im Radio singen sie «Stille Nacht».
«Ja, denn.»
Natürlich, sie wollen heute auch noch alle daheim sein. Da geht's ja erst richtig los mit Weihnachten. Die Kneipe leert sich. Konrad zahlt. Steht auf. Die Katze schläft.
«Kannst mitkommen», sagt einer. Konrad hat ihn vorher nicht gesehen. «Bei uns ist Platz genug.»
Aber Konrad hat was vor. Bedankt sich. Geht. Die Luft

draußen ist wie ein Messer. Die Sohlen der Schuhe knirschen im Schnee. Konrad geht auf den Wald zu. Einmal bleibt er stehen, trinkt aus der Weinflasche, die er im Mantel innen mitträgt. Trinkt auf sein Wohl.
Der Heuschuppen ist abgeschlossen. Konrad nimmt eins der lockeren Bretter weg. Vorsichtig. Er bringt sein Zeug rein. Dann geht er mit den Kerzen wieder raus.
Reißt Streichhölzer an und klebt die Kerzen mit Wachs auf die Zweige einer Tanne. So weit er hochreichen kann. Zündet sie an.
Aus dem Dorf klingt Glockengeläute. Konrad nimmt noch einen Schluck. In der Nähe raschelt ein Wild. Der Himmel hängt ganz schwarz. Nichts ist, nur die Zeit geht. So still, und mit Konrad mittendrin.
Bis er was hört. Einer kommt. Da ruft er auch schon.
«Ja», sagt Konrad. «Ja.»
Es ist der Knecht von einem der Bauern. Krumm, abgearbeitet. Sie haben ihn aus dem Dorf hergeschickt wegen dem Licht. Ob da was brennt, soll er nachsehen.
«Die sind gleich aus», sagt Konrad. «Die Kerzen.»
Er reicht dem anderen die Flasche. Der nimmt sie mit klobigen Händen und trinkt. Sie reden ein paar Worte. So und so. Dann sind die Kerzen erloschen. Nur der Schnee macht den Wald noch hell.
«Bleib doch», sagt Konrad. «Ist noch Wein da.»
Aber das darf der Knecht nicht. Sagt, daß der Bauer wartet. Weil er noch Holz reinholen muß. Im Stall nachsehen und so. Möchte schon bleiben. Aber nein.
«Gute Nacht auch.»
«Gute Nacht.»
Immer unterwegs, denkt der Knecht. Nicht mal ein eigenes Bett. Armes Schwein! denkt er.

Konrad schaut ihm hinterher. Jetzt wird er ein Fleck zwischen den Bäumen im schneehellen Wald und ist fort.
So einer, denkt Konrad. So ein Knecht. Armes Schwein, denkt er.

rororo rotfuchs Bücher für 7-11jährige Eine Auswahl

Bd. 78 / Weitere 26 »Birne«-Abenteuer

Bd. 89 / Von 7 neuen Narren

Bd. 94 / 7 lustige Erzählungen aus Österreich

Bd. 103 / Hans und sein Hase fliegen um die Welt

Bd. 105 / Warum schwindelt Robert?

Bd. 109 / Ein Tag mit Kathinka und Stefan

Bd. 115 / Leicht singbare Lieder für zu Hause und für die Gruppe

Bd. 117 / Bumfidel macht weiter!

Bd. 119 / Ein Buch voller Zauber- und Tricksereien

Bd. 122 / 17 Bildgeschichten zum Lächeln und Lachen (Juli 76)

Bd. 125 / Von Hippiebienen und Miau-Hunden (Aug. 76)

Bd. 36 / Volker Ludwig/Uwe Friesel, Die Geschichte von Trummi kaputt
Bd. 46 / Miriam Schlein, Umi wird Jäger
Bd. 54 / James Krüss, Flora biegt Balken
Bd. 59 / Dietlind Neven-du Mont, Ein Getüm kommt selten allein
Bd. 66 / Quatsch, Weckbuch 2
Bd. 67 / Günter Herburger, Birne kann alles
Bd. 75 / Friedrich Karl Waechter, Das Ungeheuerspiel
Bd. 85 / Marieluise Bernhard- von Luttitz, Bumfidel lacht sich krank
Bd. 92 / Rüdiger Stoye, Herr Mick Herr Möck Herr Moll

R 3 – 76